LE CRI DES FAMILLES,

Ou discussion d'une motion faite à la Convention Nationale, par le Représentant du peuple LECOINTRE, *le 22 frimaire de l'an troisième de la République, relativement à la révision des jugemens des tribunaux révolutionnaires.* (par A. Morellet.)

« Ceux-là seuls sont les amis du peuple qui veulent qu'on
» puisse censurer les loix, et en démontrer les vices en con-
» tinuant de les exécuter ; et que par la liberté, laissée
» à chaque citoyen, d'émettre son opinion sur chacun des
» articles d'une loi, l'opinion publique puisse manifester son
» désir d'en voir l'abrogation, et disposer par-là l'autorité
» à la réaliser. »

Dénonciation de Billaud-Varennes, Barrère, etc. par Lecointre.

A PARIS.

L'AN III DE LA RÉPUBLIQUE,

LE CRI
DES FAMILLES,

Ou discussion de la Motion du Représentant Lecointre, relativement à la révision des jugemens des tribunaux révolutionnaires.

C'EST un beau mot que celui de Solon, qui, interrogé par quel moyen on pourroit écarter plus sûrement toute injustice de la république à laquelle il donnoit des loix, répond : « Si chaque citoyen ressent l'in-» jure faite à un autre, aussi vivement que » celle qu'il éprouve lui même. »

Les décrets de la convention, obtenus sur la motion du Représentant Lecointre, que je me propose ici de discuter et de combattre, n'ont atteint, ni moi, ni les miens; mais la pensée et le spectacle déchirant de tant de familles pour lesquelles au malheur irréparable d'avoir perdu leur chef d'avancer qu'en rapportant ses décrets du 20, l'assemblée s'est écartée de la route où la justice l'avoit fait entrer. C'est ce que je vais prouver en discutant la motion de Lecointre, dans toutes ses parties.

Lecointre commence par dire que « la » suspension, décrétée le 20, est impoli- » tique, parce qu'elle porte atteinte au » crédit national, et que sous cet aspect » elle répand l'inquiétude dans l'ame de » tous les vrais patriotes. »

Pendant que nous avons gémi sous une oppression, telle que l'histoire ne nous en offre point de pareille, nous avons dû apprendre à nous défier de ces raisons de politique, opposées à la justice et aux droits naturels de l'homme, ainsi que de ce patriotisme aveugle ou faux, qui a servi constamment de prétexte aux meurtres et à tous les genres de tyrannie. Souvent au sein même de la Convention, comme de la bouche des opprimés, il s'est élevé des voix réclamant la justice, les droits des citoyens et ceux de l'humanité, et s'efforçant de ramener à des mesures moins cruelles; et sans cesse on a étouffé ces justes réclamations en alleguant *la politique et les inquiétudes des patriotes*, pour le salut de la République.

En opposant une raison de politique et d'intérêt à une loi de justice rigoureuse, on montre qu'on n'a aucune idée saine et vraie de la nécessité indispensable de la justice, comme principe de vie et de conservation des sociétés politiques. *Fiat justitia et pereat mundus*, « que justice se fasse » et que le monde périsse », a dit un sage ; maxime qui, dans sa forme paradoxale, ne signifie pas que la société puisse jamais périr par l'observation des loix de la justice, mais bien plutôt que la justice est le premier et le plus pressant de ses besoins.

Des écrivains politiques, du fond de leurs cabinets, ont quelquefois enseigné à faire céder la justice, à ce qu'ils ont appellé l'intérêt public. Des hommes d'état, bien peu dignes de ce nom, ont souvent mis cette maxime en pratique sans l'avouer; mais comment ose-t-on proffesser cette doctrine, devant une assemblée de législateurs et en présence du peuple, aux yeux de qui il est si important de ne pas rendre problématiques, les premières et les plus simples notions de la morale.

On prétend que la justice, due aux malheureux enfans des pères de famille injustement condamnés, doit céder à la politique et à l'intérêt du crédit public; je combattrai cette décision par un apologue.

Un homme a plaidé contre son voisin, qu'il est parvenu à dépouiller de toute sa fortune, en produisant de faux titres, qu'il a fabriqués lui même. Il confesse sa fraude en mourant et recommande à son fils, son unique héritier, de rendre aux enfans de ce voisin, le bien dont il a dépouillé injustement leur père. L'héritier est prêt à exécuter les volontés du sien, lorsque son intendant l'exhorte à n'en rien faire parce qu'il perdra son *crédit*, dont il a besoin, et ajoutera-t-il comme Lecointre; *si vous faites un pas rétrograde en cette matière, que deviendra votre fortune? que deviendront vos finances?*

Je suppose un honnête homme présent à cette consultation: ne s'élevera-t-il pas de toute sa force contre l'auteur de cette indigne et inique conseil?

C'est vainement qu'on contesteroit l'application. La raison (la seule qu'on puisse alléguer) que d'une part, c'est la République qui a commis ou laissé commettre cette injustice, et que c'est pour elle-même qu'elle est commise, au lieu que dans l'exemple que je donne, c'est un simple particulier qui l'exerce envers un autre particulier, cette raison, dis-je, ou cette différence, ne peuvent changer le résultat, puis qu'une société politique toute entière est aussi fortement obligée d'être juste envers les individus qui la composent, qu'un particulier envers un autre particulier. Il n'y a pas deux justices, et justice doit toujours être faite. Si ces maximes ne sont pas sacrées, les hommes n'ont rien gagné en quittant la vie sauvage et les forêts, pour se réunir en sociétés politiques.

J'avois écrit ce qu'on vient de lire, lorsqu'en jettant les yeux sur le compte rendu dans une feuille périodique d'une séance du 23, j'y ai trouvé les principes que je vient d'invoquer, énoncés avec beaucoup de force et de justesse, par le député Lacroix, dans un rapport sur les domaines aliénés.

« Votre comité des finances », dit le rapporteur, « a pris pour base de son travail, » cette justice une et indépendante des » passions humaines qui est l'unique règle » d'un gouvernement républicain. Dans » une république fondée sur les droits de » l'homme, il ne peut y avoir qu'une » justice, égale pour tous; et le corps en- » tier de la nation ne peut pas être juste » à l'égard des citoyens, d'une autre ma- » nière qu'un particulier à l'égard d'un » particulier. »

Voilà ce que je viens d'écrire. Voilà la condamnation formelle des maximes énoncées la veille, du haut de la même tribune, à la même assemblée; avec cette différence importante que je recueille des papiers publics, qu'un sentiment d'équité naturelle a fait applaudir à celles de Lacroix, tandis que celles de Lecointre n'ont été que souffertes.

Mais des législateurs peuvent-ils balancer entre cette doctrine d'une justice une, égale pour tous, la même de la nation envers les citoyens que des citoyens entre eux, et les maximes opposées, qu'on employe, sinon pour soutenir des jugemens qu'on reconnoit être injustes, au moins pour en maintenir les effets ; ce qui est une autre manière de les déclarer justes, en se refusant aux conséquences nécessaires de l'aveu qu'on a fait qu'ils ne l'étoient pas.

C'est cette distinction établie par Lecointre et combattue par Lacroix, entre la justice nationale et la justice particulière, qui a été dans tous les temps le grand instrument de la tyrannie. C'est le vrai fondement du machiavélisme, posé par le politique italien, lorsqu'il a dit qu'un prince, par où il entend un gouvernement quelconque, ne peut pas se conduire par les règles morales, d'après lesquelles les hommes sont appellés justes et bons ; que les besoins de l'état l'obligent souvent à violer la foi et à agir contre l'humanité et la religion ; qu'il doit faire le bien quand il le peut ; mais sans se refuser à faire le mal quand il le faut ; d'où suivent comme autant de conséquences ces maximes de Machiavel, qu'on avoit si-bien commencé à mettre chez nous en pratique, qu'en établissant un gouvernement nouveau il faut ôter les terres et les maisons aux anciens possesseurs; exterminer les propriétaires et les riches qu'on a dépouillés et leurs familles ; que pour conserver une puissance nouvelle, dans un état accoutumé à d'anciennes loix, le seul moyen assuré est de le ruiner et de le détruire, etc.

Tels sont les résultats auxquels conduit cette fausse distinction entre la morale publique et la morale particulière, et je ne ferai pas à mes lecteurs l'injure de vouloir leur prouver que l'immoralité des conséquences accuse la fausseté des principes.

En voici d'autres du même genre qui découlent des maximes de Lecointre, et que lui-même n'osera pourtant soutenir.

Supposons que les ressources fournies par la vente des biens des condamnés, unies à celles que donnent tous les autres biens nationaux, laissent encore des inquiétudes sur l'état du crédit national, et des assignats qu'on craindroit d'être forcé de multiplier au-delà de la valeur de cette immense hypothèque, la nation pourra donc s'emparer alors des biens des autres propriétaires, et sur-tout des plus riches, sans qu'ils aient été jamais ni accusés, ni condamnés; par la seule raison qu'elle en aura besoin *pour le maintien de son crédit.*

Lecointre ne peut se refuser à cette conséquence; puisque le *même motif* qu'il croit suffisant pour excuser la première opération, auroit lieu aussi pour la seconde; et que *l'obstacle* qui pourroit arrêter dans le premier cas, savoir, l'injustice exercée envers un nombre de familles, ayant été franchi pour les condamnés injustement, n'empêcheroit pas davantage la nouvelle spoliation; j'observerai même que celle-ci seroit infiniment moins cruelle que celle que Lecointre veut maintenir, en ce qu'on n'égorgeroit pas sans doute ceux qu'on voudroit spolier et qu'en leur laissant la vie, les enfans auroient dans la personne de leurs pères une ressource de plus.

Or je demande à Lecointre si cette mesure, toute dictée qu'elle seroit dans notre supposition par les besoins du crédit, ne lui laisseroit aucun scrupule? s'il oseroit la conseiller ou seulement y consentir? et sa réponse, si elle est de bonne foi, sera la condamnation de sa motion du 22

Mais tout ceci est de la morale, et Lecointre, après avoir très-immoralement séparé la morale de la politique, traite la question en politique : suivons-le dans cette route, et voyons si le machiavélisme qu'il enseigne est aussi nécessaire et aussi utile qu'il le prétend. Il va nous expliquer comment le crédit de la nation sera ébranlé par la restitution des biens des condamnés injustement.

La suspension de la vente, dit-il, *entraînera la révision de plusieurs jugemens et la réintégration des héritiers dans les biens de leurs parens condamnés : or, qui voudra désormais se rendre acquéreur, s'il a de pareilles réactions à redouter ?*

Je m'arrête d'abord sur la première partie de cet énoncé et j'y démêle des artifices que la bonne foi ne peut supporter.

Il est clair que la réintégration que craint Lecointre, est celle qui auroit lieu pour les biens de ceux qui ont été condamnés *injustement*. Sa phrase, pour être complète, devoit donc être que la *révision entraîneroit la réintégration pour les hé-*

ritiers de ceux qui auront été condamnés injustement.

J'observe encore que Lecointre emploie le mot d'*héritiers*, au lieu de celui d'*enfans*, et celui de *parens*, au lieu de celui de *pere*. Mais il est question de *pères* et d'*enfans* pour la plupart des condamnés. Les noms d'*héritiers* et de *parens* sont des termes génériques qui écartent des idées intéressantes et vraies, élémens nécessaires de la question, et font perdre de vue des rapports imposans et sacrés qui ont réglé la législation de tous les peuples.

La phrase de Lecointre, réformée d'après ces observations, sera donc que la *révision des jugemens entraînera la réintégration des enfans dans les biens de leurs pères, condamnés injustement.*

Sur ce simple énoncé quel est l'homme juste qui ne dira pas : « eh bien ! oui sans » doute : on rendra aux enfans les biens » de leur père injustement condamné : » cela peut-il faire question, sur-tout dans » une assemblée de législateurs ? Quel » obstacle pourroit donc empêcher de » remplir un devoir de justice si sacré ? »

Et difficilement, peut-être, se détermineroit il à écouter la prétendue raison politique qu'apporte Lecointre pour en dispenser la nation.

Ecoutons-là pourtant : *qui voudra se rendre acquéreur désormais si l'on a de telles réactions à redouter ?*

Voilà le grand argument politique de Lecointre et de ceux qui ont adopté sa motion ; je dois par cette raison le discuter avec plus d'étendue.

La crainte de ne trouver plus d'acquéreurs peut avoir deux objets ; ou le défaut d'acheteurs pour les biens même des condamnés, et la perte qui en résulteroit pour la république, si elle a fait fonds sur ces biens, comme nécessaires pour fournir à ses besoins ; ou le défaut d'acheteurs pour tous les autres biens nationaux qu'on n'oseroit plus acquérir parce que la nation auroit restitué aux enfans des condamnés injustement, le patrimoine de leur famille. Je combattrai ces deux sortes de craintes.

Quant à la première, je dirai d'abord qu'en lui donnant tant d'empire, Lecointre oublie que la nation qui rendroit aux enfans les biens des pères condamnés injustement, restitueroit aux acquéreurs évincés

cés le prix qu'elle auroit reçu d'eux ; mais si ce prix leur est restitué comme la justice l'exige, le danger d'acheter les biens des condamnés, au hasard d'en être dépossédé, si l'innocence de l'ancien possesseur est reconnue, n'est plus si grand que le fait Lecointre.

Qu'on n'achète plus les biens des condamnés lorsqu'on verra la Convention réintégrer les enfans dans les biens de ceux qui auront été condamnés injustement, cela peut et doit arriver ; mais la valeur des biens de cette espèce n'est pas telle que, faute de les vendre, la nation ne puisse faire face à ses besoins. La masse des biens nationaux est trop considérable pour laisser à cette inquiétude un motif raisonnable ; tous les anciens domaines, les biens des moines, ceux du clergé séculier, ceux des émigrés, et enfin les produits de nos conquêtes, il est manifeste que, comparés à cette valeur immense, les biens acquis à la nation par les jugemens des tribunaux révolutionnaires, ne sont pas d'une telle importance qu'on puisse les regarder comme une ressource absolument nécessaire à la nation.

Ceci n'est, dira-t-on, qu'une assertion gratuite, et dont vous ne donnez point la preuve; mais Lecointre ne peut me faire cette objection.

Celui qui prétend trouver dans le besoin de soutenir le crédit de la nation, une raison suffisante pour la dispenser de restituer aux héritiers légitimes les biens des condamnés injustement, doit, sans doute, avoir estimé la valeur de ces biens, tant en eux-mêmes que comparativement à l'étendue des autres ressources de la nation, puisque ce n'est que d'après un pareil examen qu'il peut prononcer en connoissance de cause la nécessité indispensable de cette mesure, qu'on ne prétend excuser que par cette nécessité même. Or, cette obligation, Lecointre ne l'a pas remplie.

Cette connoissance de la valeur des biens des condamnés et de l'étendue des autres ressources de la nation peut s'exiger avec bien moins de rigueur, de celui qui, ayant par devers lui la grande raison de la justice, peut absolument se dispenser de discuter aucune autre question, et qui, en consentant à entrer dans celle de la politique et de l'intérêt, est au moins en droit de demander lui même qu'on lui fournisse des preuves de la grandeur et de la réalité de ce besoin de la République sur lequel on se fonde pour la dispenser d'être juste. Mais L cointre n'ayant pas fourni ces preuves, je suppléerai à sa négligence en me livrant à une recherche qu'il étoit bien plus obligé de faire que moi.

Commençons par arbitrer ce qu'on peut supposer de valeur en biens des condamnés, et que la nation rendroit à leurs enfans. J'en userai généreusement avec Lecointre, et je supposerai qu'il y en a pour 300 millions ; c'est beaucoup sans doute, et je ne cacherai pas que je crois exagérer au moins de moitié, réduction que j'appuye sur deux raisons ; la première qu'il est reconnu que parmi les victimes du tribunal révolutionnaire, il y a eu grand nombre d'hommes de fortune très - bornée, de pères de famille vivant d'un modique revenu, de gens même dépourvus de toute propriété ; et la seconde que cette valeur des biens des condamnés, devenus nationaux ne pouvant être que celle qu'ils ont actuellement, se trouve nécessairement réduite par les dégradations de tout genre qu'ils ont souffertes, de l'absence des maîtres, du séquestre, de l'administration des départemens, des usurpations des communes, de la détérioration des terres, des bois et des bâtimens d'exploitation, du divertissement des effets mobiliers, meubles, instrumens aratoires, réserves en toutes les sortes de productions servant d'avances etc., causes très-actives qui doivent avoir réduit la valeur de ces biens beaucoup au dessous du degré auquel j'ai bien voulu l'arbitrer.

Partons cependant de l'estimation à 300 millions; et pour être en droit de juger de l'importance de cette masse de biens des condamnés, pour la nation et de la réalité du besoin qu'elle en a, estimons maintenant la masse des autres biens nationaux, ou plutôt adoptons (et nous n'avons rien de mieux à faire) l'estimation présentée à la Convention tout récemment par le Représentant Johannot dans un rapport rempli de notions saines et de vues profondes.

Selon ce député, la masse des biens nationaux servant d'hypothèque aux assignats, n'est pas moindre de 15 milliards.

Ces données établies, une observation

bien simple me conduit au résultat que j'ai annoncé ; 300 millions de valeur en biens des condamnés ne sont qu'une 50e partie des 15 milliards de ressources que nous venons de reconnoître à la nation : or, comment un déficit de la 50e partie de son capital mettroit-il le crédit de la nation et la fortune publique en danger ? Comment avec une masse responsable d'une telle solidité, peut on alleguer les besoins publics comme un motif suffisánt aux yeux de la nation pour maintenir les suites des condamnations injustes, c'est à-dire, autant d'injustices ? Ce raisonnement est si simple et me paroît si incontestable que je crois inutile d'y ajouter aucun développement ultérieur.

Je dois maintenant combattre la crainte qu'on n'achete plus les autres biens nationaux, parce que la nation auroit rétabli les enfans dans les propriétés de leurs péres spoliés par une injuste condamnation ; et j'oppose à cette crainte une assertion que je m'engage à démontrer, et qui, une fois prouvée, suffiroit seule pour terminer toute question.

Cette assertion est que les acquéreurs

seront plutôt détournés d'acheter des biens nationaux, ensuite de la révocation des décrets du 20, qu'ils ne l'eussent été si on eût laissé subsister cette disposition, et que l'effet naturel et nécessaire de la décision du 22, est de les écarter davantage, et je le prouve.

1°. En rendant les biens aux familles de ceux qui ont été condamnés injustement, la Convention établit, par là même, une distinction à l'avantage des acquisitions de tous les autres genres de biens qui sont en vente; une ligne de démarcation est tracée entre les uns et les autres; la raison qui aura fait revenir sur les ventes des biens des condamnés injustement n'ayant aucune application, ni aux biens ecclésiastiques, ni aux anciens domaines, ni aux biens des émigrés, laisse à la vente de cette espèce de biens toute l'activité que les circonstances lui permettent d'avoir.

2°. J'ai dit plus haut que la détention des biens de ceux qui ont été condamnés injustement conduisoit à l'envahissement des autres propriétés, si cette mesure étoit jugée nécessaire pour soutenir le crédit;

et ne voit-on pas par là même que ceux qui seroient disposés à acheter des propriétés nationales seront justement alarmés des décrets du 22, et craindront, qu'arrivant le même besoin, on ne les évince par le même motif. Loin donc de rassurer les acheteurs par la révocation des décrets du 20, on les éloigne davantage de toute acquisition.

3°. Lorsque la nation a mis à sa propre disposition cette masse de biens ecclésiastique, domaniaux et des émigrés, on a compté beaucoup sur la concurrence des étrangers, qui s'empresseroient, disoit-on, d'apporter en France d'immenses capitaux, auxquels ils trouvoient chez eux peu d'emplois, et qu'ils placeroient en acquisitions de domaines nationaux, pour jouir tout-à-la fois des avantages de notre sol, de notre climat, de nos arts, de nos mœurs (encore douces alors) et des biens qu'on se promettoit du nouveau gouvernement. Si cette espérance d'attirer chez nous les étrangers avec leurs capitaux, n'est pas devenue absolument chimérique, ce que Lecointre ne dira pas, je le prie de répondre avec franchise à cette question : des deux mesures prises à l'assemblée nationale, l'une le 20, l'autre le 22, sur la motion de Lecointre lui-même, laquelle est la plus propre à conduire à ce but? En y réfléchissant un seul moment, peut-il penser qu'un étranger apportera plutôt sa fortune, acquerra une propriété, formera un établissement dans un pays, et sous un gouvernement, où le législateur sera déterminé à ne pas rendre aux enfans les biens de leur père injustement condamnés, que dans celui où, écoutant la voix de la justice et respectant les droits de la propriété, après avoir eu le malheur de laisser assassiner deux mille pères de famille, on aura conservé aux enfans le patrimoine auquel la nature et les loix les appeloient? Si Lecointre étoit hollandois et marchand de toile à Harlem, sous lequel de ces gouvernemens préféreroit-il de vivre?

Et si l'on disoit à cet étranger qu'un grand nombre des condamnés dont les familles réclament aujourd'hui contre le jugement et la confiscation, étoient eux-mêmes acquéreurs de biens nationaux, de sorte que par une espèce étrange et nouvelle de stellionat, la nation vendroit de nouveau un bien qui lui a été déjà payé par ces hommes, envers qui on reconnoît aujourd'hui que la confiscation a été une injustice, quelle impression croit-on qu'il éprouvât, et seroit-il tenté de devenir propriétaire en France, en voyant cet étrange salaire, payé aux enfans, de la confiance même que leurs pères avoient montrée à la nation ?

Ceci me conduit à observer une contradiction bien marquée dans le grand œuvre d'iniquité que la Convention a renversé le 9 thermidor, je veux dire dans le projet d'assassiner et de spolier tous les riches en même temps qu'on avoit à vendre une masse énorme de biens nationaux : car où trouver ensuite des acheteurs ? Pour établir la grande oppression qu'on méditoit, attacher à ce projet tous les hommes dépourvus de propriétés et leur distribuer celles des possesseurs actuels, il étoit en effet expédient d'égorger les propriétaires et les riches. Mais en donnant leurs propriétés pour rien, on ne pouvoit fournir à deux et trois milliards de dépenses annuelles, et s'il pouvoit rester encore quelques acheteurs en état de payer, on ne les attiroit pas en leur montrant les corps sanglans des derniers acquéreurs.

4°. Enfin, et généralement, j'observerai en faveur des décrets du 20 et pour achever de montrer qu'ils étoient bien plus propres à multiplier les acheteurs pour les biens nationaux que les mesures contraires prises le 22, j'observerai, dis-je, qu'une injustice avouée et pourtant maintenue dans ses effets par une assemblée nationale, est un motif plus puissant de crainte et de défiance dans toute transaction avec la nation, que l'exemple contraire d'un retour à la justice qui rendroit aux enfans des condamnés injustement, des biens qui n'ont pas cessé de leur appartenir, puisque leurs pères n'étoient pas coupables.

Il demeure donc prouvé que la décision du 22, portée sur la motion de Lecointre, loin de favoriser la vente des biens nationaux, écarte les acquéreurs, et que l'intérêt de la nation se trouvoit à maintenir les décrets du 20; observation qui, comme on voit, ne touche la question que par le côté de la politique, et qui suffiroit seule à renverser toute celle de Lecointre.

Mais je vais en montrer encore la foiblesse et la fausseté, d'après un principe si évident, si fortement dicté par la saine politique, en même-temps que par la justice et la raison, et enfin si décisif dans la question, que je suis forcé de penser qu'il n'a été présenté à la Convention par aucun de ceux qui l'ont discutée devant elle; car il lui eût été impossible de s'y refuser. Ce principe est l'égalité ou la proportion, selon lesquelles doivent être distribuées les charges publiques entre tous les citoyens; je dis *l'égalité* ou la *proportion*, parce qu'ici ces deux termes sont synonymes, les charges n'étant vraiment *égales* que lorsqu'elles sont, pour chacun, *en proportion* de ses moyens : bien entendu qu'on n'entend parler que des classes de citoyens qui ont des moyens plus ou moins abondans, et non de ceux que leur pauvreté fait regarder, avec raison, comme exempts de toute contribution.

Or, de ce principe, ne résulte-t-il pas la démonstration, que c'est une loi impolitique, anti-sociale, que celle qui, pour fournir aux besoins de la République, quelque pressans, quelque réels qu'on les suppose, veut maintenir la spoliation des enfans dont les pères ont été injustement condamnés ; car, pourquoi faut-il qu'eux seuls portent cette charge, et fournissent à ces besoins aux dépens de leur fortune entière? Pourquoi toutes les propriétés n'y contribueroient-elles pas par un accroissement d'impôts, ou, si l'on veut, par le sacrifice d'une partie de leur capital dans la proportion de leur fortune ? Quelle préférence que celle qu'on donne aux enfans des pères injustement condamnés, en prenant exclusivement leurs propriétés toutes entières pour fournir aux besoins de la chose publique ?

J'ai supposé plus haut la valeur des biens des condamnés injustement de 300 millions, en forçant l'estimation. Imaginons que cette somme, qu'on regarderoit comme rigoureusement nécessaire aux dépenses de la nation, forme un centième de tous les capitaux, en terres, effets mobiliers, contrats, etc. La loi de l'Égalité veut qu'on demande, à tous les citoyens solvables, le centième de leur capital, pour faire face à ce besoin en particulier. Les enfans et autres héritiers des condamnés injustement y contribueront, comme tous les autres propriétaires, et dans la même proportion; mais que, par la raison que la nation a besoin de 300 millions, elle prenne ou retienne les biens d'une classe de citoyens, que de grands malheurs ont déjà frappés, dont les pères ont été victimes d'une horrible injustice; c'est ce qui choque, d'une manière révoltante, je ne dis pas seulement tous les principes de l'équité naturelle, de l'humanité, mais ceux de *l'Égalité* entre les citoyens qui exige impérieusement que la contribution de chacun aux charges communes et publiques, soit proportionnelle à ses facultés.

Je n'ai pas fini encore de combattre la théorie politique de Lecointre, et je lui dirai que l'opération qu'il a fait faire à l'assemblée est encore contraire à l'intérêt de la nation, en ce qu'elle tend à diminuer la valeur des autres biens mis en vente, en encombrant le marché au moment même où il est déjà surchargé, et qu'au moins elle a cet effet inévitable de faire perdre à la nation, en diminution de valeur, sur la totalité des o jets à vendre, peut-être une somme égale à celle qu'on espère tirer de la vente des biens des condamnés injustement : c'est ce qui a besoin de quelques explications.

C'est une maxime de commerce élémentaire et triviale, que lorsqu'il y a déjà trop peu d'acheteurs, il faut bien se garder d'accroître la masse des objets mis en vente. Il y a telle opération imprudente en ce genre, qui peut réduire la valeur de la totalité au-dessous de celle qu'avoit la quantité première toute seule, et par conséquent faire perdre en entier toute la valeur de la quantité sur-ajoutée, dont une si fausse spéculation aura encombré le marché.

Or, on ne peut se dissimuler que dans les circonstances actuelles, de quelque discrédit, de baisse des assignats, de manque de capitaux et d'acquéreurs, l'apport au marché de tous les biens des condamnés, ajoutés à ce qui est à vendre en domaines nationaux, ainsi qu'en propriétés patrimoniales et particulières que tant d'anciens possesseurs, ruinés par la révolution, sont forcés de mettre en vente : on ne sauroit douter, dis-je, que ce surcroît d'objets mis en vente n'opérât une diminution dans la valeur vénale de la totalité.

Je ne mets pourtant pas une grande importance à cette observation, par la raison même, que, persuadé que la valeur des biens des condamnés n'étant pas considérable, relativement à la masse des autres biens, je ne crois pas qu'elle puisse influer fortement sur leur dépréciation ; mais ma remarque est utile, en ce qu'elle prouve toujours qu'il y auroit beaucoup à rabattre du profit que Lecointre promet à la nation, par l'injustice qu'il veut lui faire commettre.

Enfin, et ce sera mon dernier argument contre la politique de Lecointre ; il n'y a rien de pis qu'une iniquité inutile. Or, je vais démontrer à Lecointre que la mesure qu'il a fait adopter à l'assemblée est complettement inutile, pour conduire au but qu'on s'est proposé en la prenant.

N'est-il pas sensible aujourd'hui, que la question que je traite ici ayant été élevée, agitée dans l'assemblée nationale, et occupant fortement l'opinion publique, envain soutiendroit-t-on à la Convention le parti de ne pas rendre les biens aux enfans des condamnés injustement, la crainte qu'on ne les leur rende, cette crainte qui, selon Lecointre, doit détourner les acquéreurs, subsistera toute entière, tant que les biens ne seront pas rendus ? Le sentiment de cette injustice est trop profond, trop universel, pour pouvoir être étouffé ; tôt ou tard il se remontrera plus énergique, et ramènera la Convention elle-même, ou une autre assemblée, au seul parti digne d'une grande nation, celui d'être juste. Telle est l'opinion que je vois établie, et que je serai heureux d'avoir fortifiée, parce qu'elle peut suffire seule pour détourner de la cruauté contre laquelle je m'élève, en la rendant inutile.

Je me borne à ces observations sur la politique de Lecointre, et je reprends la suite de son discours.

Il s'oppose l'exemple du Représentant Isabeau, qui a établi à Bordeaux une commission pour réviser les jugemens rendus par la commission militaire de cette ville, et il prononce que *la prudence de son collègue s'est égarée, quand il a permis qu'on annullât des jugemens* solemnellement *rendus, en vertu desquels plusieurs biens avoient été* acquis *à la République et vendus à son* profit.

Ces

Ces paroles présentent deux raisons de ne pas réviser les jugemens ; l'une, qu'ils ont été *solemnellement rendus ;* l'autre, que par ces jugemens la République *a acquis* plusieurs biens qui ont été vendus à son *profit.* De ces deux raisons, l'une est futile, et l'autre odieuse.

Qu'un jugement ait été solemnellement rendu, ce n'est pas une raison de ne pas le réviser, si l'on peut croire qu'il est injuste, et lorsque des familles entières en souffrent. Les jugemens des Calas et des Sirven avoient été rendus avec autant de solemnité que ceux des tribunaux révolutionnaires, et personne n'oseroit dire que cette solemnité devoit empêcher qu'on les révisât.

J'ai dit que la seconde raison étoit odieuse : et comment ose-t-on en effet donner, comme une raison de ne pas réviser des jugemens que l'opinion publique dénonce comme autant d'assassinats, le *profit* qu'a fait la nation par ces injustes condamnations? Mais non, la nation croira ses mains souillées, si elle retenoit des biens acquis par le meurtre, et elle ne mettra pas au nombre de ses moyens de finance la vente du champ de Naboth.

Supposons que les charrettes fatales qui conduisoient à la mort les quarante deux victimes, immolées le 9 thermidor, eussent été arrêtées dans leur marche et ramenées, comme le peuple, prévoyant une prochaine révolution, en montra le desir, qui fût réprimé, dit-on, par cet Hanriot, vil instrument de l'oppression sous laquelle nous avons si long-temps gémi, je demande à Lecointre s'il eût cru que la nation devoit retenir les biens confisqués par le jugement qui avoit condamné à mort ces hommes rendus inespérément à la vie : si je lui exprimois un tel doute, il en seroit blessé avec raison. Mais ce sentiment de justice est en opposition avec son opinion, dans sa motion du 22 : car, quelle différence pourroit-on assigner entre les infortunés dont je défens la cause contre lui, et ceux que ma supposition lui donne à juger, et qu'il auroit horreur de dépouiller vivans ? Les uns et les autres ne sont-ils pas condamnés par un jugement de même nature et de même solemnité ? Ne peut-on pas dire des biens de ceux-ci, comme des biens de ceux-là, que la République en a besoin ?

La justice, continue Lecointre, *est à*

l'ordre du jour, et personne ne desire plus que moi la punition des auteurs d'assassinats juridiques et des partisans de la terreur.

Je ne ferai à Lecointre qu'une question : la justice, qui est à l'ordre du jour, est-elle uniquement celle qui punit l'assassinat, et celle qui interdit le pillage et le vol n'y est-elle pas aussi?

A la vérité, ma question est superflue, car il ne laisse aucune équivoque, et après avoir distingué ces deux sortes de justice, il n'admet que la première. Il desire la *punition des auteurs d'assassinats juridiques*, mais il ne veut pas la restitution des vols faits à ceux qu'il reconnoît lui-même avoir été assassinés.

Eh ! de quel droit, homme inconsidéré, prétendez-vous déplacer, à votre gré, les bornes du domaine de la justice ? Est-ce de vous qu'elle le tient ? Et ce domaine est-il une concession des gouvernemens? Antérieurement à la formation des sociétés politiques, le même droit naturel, qui donnoit à l'homme la propriété de sa personne et de ses actions, ne lui donnoit-il pas aussi celle des objets mis en commun par la nature, qu'il s'étoit rendus propres, en y appliquant sa personne et son action? La même loi naturelle qui disoit à son cœur, *tu ne tueras point*, ne lui disoit elle pas aussi, tu ne chasseras point l'orphelin du champ fertilisé par les sueurs de son père et de la chaumière qu'il avoit élevée de ses mains.

Je sais que cette origine sacrée du droit de propriété individuelle, fondé sur le droit naturel et antérieur à la formation de la société politique dont la propriété est la première base, a été misérablement méconnue, ou contestée de mauvaise foi dans de faux systêmes, tantôt pour opprimer toute liberté, tantôt pour envahir toute propriété; je sais que des politiques irréfléchis, ou conduits par de criminelles intentions, ont prétendu que la propriété individuelle étoit une concession de la société politique, et le droit du propriétaire, l'ouvrage des loix, et que la société elle-même étoit le propriétaire originaire et universel.

Ce n'est pas ici le lieu de prouver, comme je puis le faire jusqu'à la démonstration, la fausseté de ces principes destructifs de tout ordre public, de tout progrès, de tout bonheur des sociétés politiques.

Je suppose que les objections qu'on emprunteroit de cette fausse doctrine, pour combattre les raisons que je viens d'opposer à Lecointre, ne peuvent arrêter des lecteurs instruits.

Lecointre ajoute, « je veux aussi que les » malheureuses victimes des assassinats » juridiques ne soient point livrées à la mi- » sère. La République leur doit des indem- » nités; elle doit même réhabiliter la mé- » moire de leurs parens injustement con- » damnés; mais elle ne peut jamais remettre « leurs héritiers en possession des biens, » dont la nation ordonna la vente par un » jugement solemnel ».

Je le dirai de mon chef, mais sans craindre d'en être désavoué : les malheureuses victimes des assassinats juridiques dédaigneront la bienfaisance et la générosité de Lecointre. Est-ce une grace qu'elles reclament ? non certes : c'est une justice rigoureuse, et par cette raison évidente, la générosité de Lecointre, ni celle de la Convention elle-même, ni celle de la nation toute entière, quand elle pourroit émettre son vœu par un appel nominal, ne sauroient trouver place ici.

Que parle-t-on d'indemnités ? ou l'indemnité dédommageroit complettement de la perte, ou elle ne la couvriroit qu'en partie. Dans le premier cas, la République ne gagneroit rien à donner l'indemnité au lieu de restituer le bien : dans le second elle commettroit une injustice, et une nation, une société politique (quelle que soit la forme de son gouvernement) sciemment injuste, et voulant continuer de l'être, est une contradiction dans les termes, un composé d'élémens qui se combattent entre eux, un monstre.

Lecointre semble faire valoir beaucoup le soin qu'on prendra de réhabiliter la mémoire des pères, en laissant subsister la spoliation des enfans. Penseroit-il donc que cette mémoire est flétrie et que tant de victimes innocentes condamnées par des meurtriers et non des juges, par des bourreaux et non par des jurés, aient besoin de la vaine forme d'une réhabilitation, pour que leurs cendres reposent en paix, ou pour sauver leurs enfans d'une ignominie qui ne peut atteindre que le crime ? eh ! ne voit-il pas leurs mânes indignés rejettant de dessus leur tombe l'acte de cette prétendue justification ?

Mais quelle horrible contradiction que de réhabiliter la mémoire des pères, c'est-à-dire, de déclarer qu'ils n'ont point été coupables du crime que la loi punit de la confiscation, et de laisser subsister cette même confiscation et ses suites cruelles pour les familles de ces hommes reconnus innocens. Si la réhabilitation est juste, la restitution est indispensable.

« La République ne peut jamais remettre » leurs héritiers en possession des biens » dont la nation ordonna la vente après » un jugement solemnel. »

Que veut dire, ne peut ? On n'entend pas par là une impossibilité physique puisqu'il ne s'agit que de rendre un décret en quatre lignes. On veut donc dire qu'elle ne le peut sans des inconvéniens trop grands; pour qu'elle fasse en cela tout ce qu'elle peut absolument; mais celui qui décide ainsi, supposant que la restitution est d'ailleurs prescrite par la justice, de sorte que sans les inconvéniens qu'elle entraîneroit elle devroit se faire, est dans l'obligation rigoureuse d'expliquer clairement l'espèce, la nature et les effets de ces inconvéniens; d'en prouver solidement la réalité; de les peser avec exactitude ; de les balancer avec ceux que j'ai fait connoître ci-dessus ; avec beaucoup d'autres que je pourrois indiquer encore ; avec l'horrible inconvénient de commettre une grande injustice nationale qui fait des milliers de victimes ; avec celui de fonder un gouvernement sur l'assassinat et le vol, et de donner cet affreux exemple à tout un peuple à qui on sera dans l'impuissance de faire entendre aucune vérité morale après avoir foulé aux pieds celles qu'on violeroit par une pareille loi. Lecointre n'a rempli aucune de ces obligations.

J'ai déja combattu l'importance que met Lecointre, à la *solemnité* de jugemens *injustes* ; mais ici j'observerai que le jugement qui a ordonné la vente des biens des condamnés, n'est pas celui dont la solemnité peut servir à l'argument de Lecointre. En effet, par le *jugement solemnel qui ordonna la vente des biens des condamnés*, on ne peut entendre que la loi générale qui a attaché la confiscation à toute condamnation, pour crime de contre-révolution ; cette loi peut être appelée *solemnelle*, et s'il étoit question d'en discuter la révocation ou le maintien, cette solemnité pourroit être une raison ou un prétexte pour la maintenir; mais il ne s'agit pas de la loi générale que je n'attaque point ici, ni même d'y apporter aucune exception; il s'agit au contraire de la faire observer, en empêchant qu'elle soit appliquée faussement, et qu'on l'étende à des cas qui, manifestement, n'y sont pas compris.

Or, la loi n'a ordonné la confiscation que dans la supposition d'une *juste* condamnation. Le mot *condamné* dans la bouche du législateur et dans les tables de la loi, signifie celui qui est condamné *justement*; car qui oseroit rédiger une loi de confiscation en ces termes : *les biens de celui qui sera condamné, même injustement, demeureront confisqués au profit de la nation.*

La solemnité dont Lecointre veut tirer avantage, ne peut donc lui servir à rien, puisqu'elle ne touche pas ceux qui ont été condamnés injustement.

Le raisonnement précédent me conduit à une réflexion affligeante pour ceux de nos législateurs qui, avec de bonnes intentions, se sont laissé entraîner à révoquer le décret du 20.

Un article de la constitution, ou plutôt de toutes les législations, et que prescrivent impérieusement la justice et la raison, déclare que *nul ne peut être jugé et puni qu'en vertu d'une loi promulguée antérieurement au délit* : or, où est la loi de notre code, qui dépouille de leur patrimoine les enfans de l'homme condamné *injustement ?* La seule d'après laquelle les réclamations de tant de familles malheureuses pourroient être repoussées, je viens de l'énoncer, dans les termes dans lesquels elle devoit être conçue pour autoriser la décision du 22, et en l'énonçant j'ai fait frémir mes lecteurs; tous ont senti l'impossibilité morale qu'une telle loi entrât dans aucun code. Les enfans des condamnés injustement ont donc été eux-mêmes *injustement* condamnés par le décret du 22, puisqu'ils l'ont été sans aucune loi antérieure.

Je ne taxe pas nos législateurs de s'être crus en droit de violer cet article de la constitution et de tous les codes. Je crois au contraire que le plus grand nombre d'entre eux, a pensé qu'en rapportant le décret du 20, on ne feroit qu'exécuter la loi relative aux confiscations des biens des condamnés. Mais j'ai prouvé ci-dessus, que cette loi ne pouvoit frapper ceux qui ont été *injustement* condamnés ; d'où résulte toujours que les enfans de ceux-ci ne sont pas dépouillés de leurs biens en vertu d'aucune loi antérieure, et que cette maxime sacrée de la constitution et des droits de l'homme a été violée envers eux.

Mais voici Lecointre lui-même, laissant percer quelques scrupules sur la justice de la révocation du décret du 20, au moment même où il la sollicite de la Convention nationale et cherchant ensuite à les calmer. Selon lui, la rigueur d'une semblable mesure *est peut-être un malheur attaché aux révolutions ; mais les plus belles institutions n'ont elles pas leurs abus ?*

Quand se lassera-t-on d'apporter et d'entendre ce lieu commun employé dans tous les temps à l'apologie du crime ? les fusilleurs et les noyeurs de Lyon et de Nantes, les hommes fous et féroces qui ont fait pendant si long-temps de la France une prison et un tombeau, les Robespierre, les Carrier, etc., nous disoient aussi que leurs exécrables opérations étoient des malheurs attachés à la révolution, et des abus nécessaires. Qu'on me cite de toute l'histoire une destruction, un pillage, un massacre, un genre d'oppression que des tyrans n'aient pu justifier par ce même prétexte.

Pour avoir le droit d'appeller du nom de *malheur attaché à la révolution* une injustice qu'on reconnoit pour telle, il faudroit avoir prouvé qu'elle est nécessaire. Or, c'est ce que Lecointre n'a pas fait ainsi que je l'ai montré plus haut. Enfin, quel emploi de mots, que d'appeller *abus* la ruine entière de tant de familles par l'envahissement de leur patrimoine, ensuite de l'assassinat du chef? Ne voit-on pas que l'impropriété du langage est employée ici à couvrir l'immoralité du sens ?

« Ne rétrogradons jamais », continue Lecointre, « quand un jugement est exé» cuté, ce doit être sans retour. »

J'observe d'abord que cette maxime de ne jamais rétrograder, est ici dans la bouche d'un homme qui, au moment même et par sa motion actuelle, veut faire retirer le 22, des décrets rendu le 20. Est-ce que ce ne seroit pas là rétrograder ?

On voit aussi combien cette maxime est déraisonnable, proposée à une assemblée de sept cents et tant de personnes, pouvoir unique et suprême, sans contrôle, sans contradicteurs que ceux qui peuvent s'élever de son sein, et qui, emportée, comme il arrive souvent à une assemblée nombreuse dans des circonstances critiques et difficiles, à des partis qu'elle improuve dans des momens de réflexion et de tranquillité, ne pourroit jamais revenir sur ses pas. Et où en serions nous si l'assemblée n'avoit pas retrogradé pour punir Robespierre et ses complices, et la commune conspiratrice à qui elle avoit confié des pouvoirs dont on a abusé si cruellement et si long-temps?

Enfin, je représenterai à Lecointre, que des prétentions à l'immutabilité, et à l'invariabilité ne conviennent à l'ignorance et à la foiblesse de l'homme en aucun temps, et moins encore dans des jours d'agitation et trouble, au milieu d'une révolution.

Cette marche rétrograde de la Convention nationale en une infinité de circonstances, et pour un très-grand nombre de décrets est même trop connue, trop publique, trop avouée, trop conforme à la sagesse, pour que Lecointre ait droit de dire si fièrement, *ne rétrogradons jamais*, jactance qu'on peut rabattre d'un mot en le renvoyant à toutes les mesures de ce genre qu'ont déjà prises la prudence et l'équité de nos législateurs.

Quant à ce que dit Lecointre, qu'un jugement exécuté, doit l'être sans retour; en parlant ainsi, il ne s'entend pas lui-même. Sûrement ce qui est fait est fait; mais ce qui est dit, réglé, décrété, n'est pas, par cela même, fait et exécuté; et si avant l'exécution, on reconnoît qu'on s'est trompé en le disant, en le réglant, en le décrétant, on peut, et il faut, ne pas l'exécuter.

La vente effective des biens des condamnés est ici l'exécution du décret de confiscation prononcé contre des hommes qu'on a supposés condamnés justement. Or, il est public et notoire que la plus grande partie des biens des condamnés n'est pas encore vendue. Le jugement n'est donc pas encore exécuté, au moins pour toute cette portion. La maxime qu'un jugement exécuté doit être sans retour, n'empêchoit donc pas qu'on ne suspendît l'action des agens nationaux, selon le décret du 20 que combat ici Lecointre.

Si l'on prétend que le décret de confiscation et de vente, au profit de la nation, se trouvant exécuté déjà pour quelques-uns des condamnés, soit justement, soit injustement, il faut qu'il ait son exécution pour tous, je demanderai sur quoi peut être fondée une si étrange décision? je dirai que si l'on peut regarder la vente des biens des condamnés *justement* comme l'exécution d'une loi, il est impossible de voir de même la vente des biens de l'homme condamné *injustement*, qui n'a été ordonnée par aucune loi.

J'ajouterai que parce que le décret, frappant tels et tels condamnés injustement, a malheureusement été exécuté, à la ruine des enfans, avant que l'innocence des pères fût reconnue, une législation juste ne peut pas se croire obligée de commettre encore la même injustice envers les enfans de ceux dont l'innocence se trouve reconnue avant l'exécution de la confiscation : en supposant même qu'elle ne voulût pas la réparer envers les premiers, ce que je suis bien éloigné de croire légitime.

En dernière instance, Lecointre a recours au grand moyen qu'on emploie si souvent, à défaut de raisons, et qui est d'effrayer ceux qu'on veut déterminer. Si l'on ne prend pas le parti qu'il propose, *on donnera au gouvernement une secousse capable de le renverser.*

Depuis le commencement de la révolution, il n'y a pas une atteinte à la liberté, à la propriété, pas une injustice, pas une cruauté, dont les hommes sages aient craint les suites, et dont ils aient voulu détourner les agitateurs, qu'on n'ait défendues, par cette raison, qu'en revenant sur ses pas, en ne poursuivant point, sans relâche, les mesures de la plus grande rigueur, on feroit éprouver au gouvernement une secousse à laquelle il ne résisteroit pas; moyen terrible en effet de conduire les hommes à souffrir, et quelquefois à seconder les plus grands excès, parce qu'une crainte vague, dont on n'articule pas les motifs, est ce qui opère le

plus

plus fortement sur l'esprit des hommes incertains et foibles, qui sont nécessairement en grand nombre dans toute assemblée.

Si l'on disoit à ces augures sinistres, donnez-nous les raisons sur lesquelles vous fondez vos tristes présages, autrement nous n'y croirons pas ; on les embarrasseroit beaucoup, car la politique de la crainte est bien bornée dans ses vues, et le plus souvent ne peut pas et ne sait pas dire pourquoi elle craint ; et on se détermineroit à écouter et à suivre la voix, toujours plus sûre de la justice, qui est le premier intérêt de la société. Mais cette résolution est au-dessus des forces de la plupart des hommes qui sont si éloignés de demander des preuves à ceux qui les effrayent pour les conduire ; que c'est précisément parce qu'on ne leur en donne pas qu'ils s'effrayent davantage.

Quant aux hommes raisonnables, éclairés et fermes, ils ne craindront point une secousse dangereuse, en ramenant une nation dans les voies de la justice, convaincus qu'ils sont qu'une société politique, ne peut s'en écarter sans avoir tout à craindre, ou plutôt sans que l'injustice la conduise à sa perte.

La conclusion de Lecointre est bien différente, il termine son discours par cette sentence : *la justice et l'humanité vous permettent seulement d'arracher à l'indigence les malheureux héritiers des condamnés.*

L'observation que j'ai faite plus haut sur l'omission de la circonstance si importante de l'*injustice* de la condamnation, et sur l'affectation de substituer toujours le mot d'*héritier* à celui d'*enfans*, trouve encore ici sa place ; mais il y a là une autre impropriété d'expression bien remarquable. La justice et l'humanité font certainement plus que *permettre* qu'on laisse du pain aux enfans de l'homme injustement condamné ; elles *l'ordonnent* au moins, même en supposant qu'elles n'ordonnent que cela.

Mais quoi de plus étrange que cette décision de Lecointre que la justice et l'humanité n'ordonnent, ou plutôt, pour employer son expression, ne *permettent seulement que d'arracher à l'indigence* des enfans que toutes les loix appeloient à un héritage paternel, parce qu'ils ont eu le malheur de voir égorger leur père d'après une injuste condamnation ? Le seul rapprochement de ces idées suffit pour exciter, dans l'ame de mes lecteurs, les mêmes sentimens que j'éprouve en écrivant ceci.

Certes, s'il étoit possible qu'on payât à des enfans le sang de leur père, une nation juste, après avoir laissé périr injustement par le glaive de ses propres loix un chef de famille, devroit non-seulement rendre à ses enfans leur patrimoine, mais l'accroître encore d'une indemnité pour l'injustice commise envers leur père, et les maux qu'ils en ont eux-mêmes soufferts ; mais si elle ne peut réparer tant de dommages, qui sont en effet irréparables, au moins ne doit elle pas les aggraver encore. Aucune raison d'état, aucun besoin public ne lui en donne le droit et ne peut l'excuser de crime si elle se l'arroge.

Si les réflexions que je viens de rassembler ont quelque justesse ; si la morale et la politique que j'y établis sont celles qui parlent au cœur des gens de bien et à la raison des hommes instruits, ceux qui en jugeront ainsi s'étonneront sans doute de voir l'opinion qu'on vient de combattre, adoptée par la Convention, sur les mêmes motifs dont on vient de prouver l'insuffisance et la foiblesse ; et en conséquence le décret qui suspendoit la vente des biens des condamnés et celui qui chargeoit les comités de gouvernement de faire un rapport sur les jugemens précédemment rendus, tous les deux révoqués.

Leur étonnement sera encore augmenté par un autre décret rendu à la suite du rapport des deux autres, et par lequel il est reglé que l'assemblée *n'entendra plus désormais aucune pétition tendante à faire réviser les jugemens de ce genre, exécutés pendant le cours de la révolution.*

Quoi la Convention ne permettroit plus qu'on lui demande de réparer une iniquité qu'elle reconnoît pour telle? Elle ne sauroit douter que les jugemens rendus sous la tyrannie de Robespierre, par les tribunaux révolutionnaires, n'aient été en grande partie autant d'assassinats : elle l'a déclaré dans la poursuite de Robespierre et de ses complices ; la condamnation de ce méprisable scélérat, qui a fait peser sur la France entière la plus avilissante des oppressions pour ceux qui l'ont soufferte, et celle de Dumas et de Coffinhal, dignes instrumens de ses fureurs, articulent les jugemens iniques du tribunal révolutionnaire comme leur crime principal; et aujourd'hui elle interdiroit aux malheureux enfans des victimes de ce tribunal de sang, tout recours à elle-même? Ah! si jamais le droit de pétition, consacré par les constitutions de tous les peuples libres a dû être respecté, c'est sans doute dans des enfans réclamant l'héritage de leur père, encore tous teints de son sang.

Mais je le dirai, et je croirai avoir démêlé un sentiment honnête, caché dans les profondeurs du cœur humain: le refus d'entendre désormais les pétitions de tant de familles malheureuses, est, de la part de la Convention, un hommage rendu à la justice de leur cause; effrayés des dangers prétendus dont on dit le crédit public menacé par la réintégration des enfans dans les biens de leurs pères condamnés injustement, nos Représentans éloignent d'eux le spectacle de ces victimes, qu'ils ne croient pas pouvoir dérober à leur sort, pour s'épargner à eux-mêmes un sentiment trop douloureux. Ils détournent la tête en les frappant. Ils écartent la demande des infortunés, parce qu'ils sentent qu'elle est trop juste pour pouvoir être repoussée : mais ce sentiment même de justice et d'humanité m'assure qu'ils ne soutiendront pas long-temps un tel refus.

Non : quoiqu'en dise Lecointre, l'assemblée ne s'est pas interdit tout retour à la justice ; elle peut rapporter ses décrets du 22, comme elle avoit rapporté ceux du 20, et comme elle en a rapporté tant d'autres depuis qu'elle nous a affranchis et qu'elle s'est affranchie de cette même tyrannie qui a fait les victimes pour lesquelles nous réclamons sa justice aujourd'hui.

A tous les motifs que je viens d'exposer pour l'y déterminer, s'en joint un bien puissant qui lui est pour ainsi dire personnel. Tant qu'elle a porté le joug de fer que lui avoit imposé Robespierre, les loix cruelles qu'on lui a arrachées et qui ont été dans les mains des scélérats autant d'instrumens de pillage et de meurtres, ont pu ne lui pas être imputées, on a pu les regarder comme l'ouvrage des anciens comités de salut public et de sûreté générale, à qui elle avoit confié tous ses pouvoirs.

Mais si aujourd'hui qu'elle a ressaisi l'autorité qu'elle n'auroit jamais dû perdre, elle ne répare pas les injustices commises en son nom durant l'oppression qu'elle a soufferte; si elle laisse subsister des jugemens iniques et leurs suites cruelles qu'elle peut arrêter d'un mot, quelle sera son excuse?

A. M.

P. S. Je dois à la vérité de déclarer hautement que dans toute cette discussion, dirigée contre l'opinion du représentant du peuple Lecointre, je n'ai pas eu un seul instant le projet de l'attaquer personnellement. J'ai combattu sa motion et non lui-même. Ceux qui savent lire et entendre ce qu'ils lisent, auront démêlé facilement que je n'ai écrit que d'après une conviction intime et un sentiment profond; dispositions avec lesquelles on voit seulement les choses et non les hommes. Si je l'avois blessé ce seroit absolument contre mon intention; s'il s'est trompé dans la question dont il s'agit entre nous, je crois que ce n'est que l'erreur de son esprit que diverses circonstances me font regarder comme excusable. Il a montré en d'autres occasions des sentimens estimables et humains, et tout récemment encore il a mérité l'intérêt des honnêtes gens, des citoyens vertueux par le courage avec lequel il a dénoncé des hommes dont je ne prononce pas qu'ils sont coupables, puisqu'ils ne sont pas encore jugés, mais qu'on n'a pu attaquer que d'après des intentions qui méritent d'être applaudies et encouragées.

www.ingramcontent.com/pod-product-compliance
Ingram Content Group UK Ltd.
Pitfield, Milton Keynes, MK11 3LW, UK
UKHW031954260826
14628UKWH00005B/2048

9 782013 369756